Harpreet Kaur

Meine Sicht.

story.one – Life is a story

1st edition 2023
© Harpreet Kaur

Production, design and conception:
story.one publishing - www.story.one
A brand of Storylution GmbH

All rights reserved, in particular that of public performance, transmission by radio and television and translation, including individual parts. No part of this work may be reproduced in any form (by photography, microfilm or other processes) or processed, duplicated or distributed using electronic systems without the written permission of the copyright holder. Despite careful editing, all information in this work is provided without guarantee. Any liability on the part of the authors or editors and the publisher is excluded.

Font set from Minion Pro, Lato and Merriweather.

© Cover photo: Photo by guille pozzi on Unsplash

ISBN: 978-3-7108-4558-1

INHALT

Gliederung	9
1. Einführung	13
2. Neu in Deutschland	17
3. Die deutsche Schule	21
4. Wahlkampf mit 18	25
5. Jungendliche und Erfahrung	29
6. Diversität soll zur Normalität werden!	33
7. Migration - von Westen verursacht?	37
8. Die Erde ist rund!	41
9. Rassismus und Deutschland	45
10. Wann endet die Integration?	49
11. Mein Projekt	53
12. Fazit	57

Gliederung
Meine Sicht.

1. Einführung

2. Neu in Deutschland

3. Die deutsche Schule

4. Wahlkampf mit 18.

5. Jungendliche und Erfahrung

6. Diversität soll zur Normalität werden!

7. Migration - von Westen verursacht?

8. Die Erde ist rund!

9. Rassismus und Deutschland

10. Wann endet Integration?

11. Mein Projekt

12. Fazit

1. Einführung

Erstmals möchte ich mich als Autorin der Geschichte kurz vorstellen. Ich finde als Leser:in wichtig zu wissen, wer das Gesicht hinter der Geschichte ist. Ihr sollt beim Lesen wissen, wer ist das Gesicht hinter den Wörtern, wer möchte euch das Wissen erteilen. Mein Name ist Harpreet Kaur und ich bin beim Verfassen des Werks 21 Jahre alt. Ich bin eine Studentin sowie ehrenamtlich aktiv.

Wie in einem Trailer möchte ich ebenfalls einen Einblick über die kommenden Kapiteln verschaffen. Natürlich könnt ihr euch auch aus der Gliederung den groben Verlauf zusammenschließen.

Es handelt es um verschiedene Lebenserfahrungen, kleine Geschichten sowie Wahrenehmungen eines Mädchens mit Migrationshintergrund. Ich möchte mit den Geschichten die Perspektive eines junges Mädchens zeigen, die in der vierten Klasse nach Deutschland kam, dunkelhäutig ist, dessen Eltern sich nicht gut mit dem deutschen Schulsystem auskannten.

Nachdem sie sich selbst gut integriert fühlte, versuchte sie auf verschiedenen Wegen ehrenamtlich, die selbst erlebten schlechten Erfahrungen für die zukünftigen Generationen zu verbessern. Sie selbst erlebte auf ihrem Weg der Integration verschiedene Etappen mit vielfältigen Erfahrung, diese versucht sie für die zukünftigen Generationen zu verbessern.

Das System kann meistens durch das Interesse in der Politik sowie durch die politische Arbeit für die Menschen verbessert werden. Wort wörtlich betritt sie als Migrantin in die deutsche Politik, da zuvor aus ihrer Familie niemand einen Netzwerk in der deutschen Politik hatte. Aus ihrer Punjabi community war sie ebenfalls eine der wenigen Menschen, die politisch aktiv sind.

Die Geschichten beruhen auf realistischen Ereignisse! Bewundert euch nicht die nächsten Kapiteln werden in der ich Perspektive erfolgen. Ich hoffe es gefällt euch.

Und damit viel Spaß beim Lesen!

2. Neu in Deutschland

2. Neu in Deutschland

Nicht einfach war es sich zu integrieren, neue Menschen, neue Kultur, neue Sprache, neue Systeme, neues Essen, usw.. Alles ist einfach anders. Ja, mit alles meine ich auch ALLES außer ich selbst. Es fühlte sich an, als ob ich auf einem anderen Planeten gelandet bin. Europa, eine ganz andere Welt als Indien, das Land, wo ich herkam - meine Heimat. Sogar die Menschen sahen ganz anders aus. Die Sprachzeichen sahen anders aus. Das Essen schmeckte anders, das Wasser hatte sogar einen ganz anderen Geschmack. Meine ganze Welt wurde durch einen acht stündigen Flug verändert, durcheinander gebracht. Es ist auf gar keinen Fall mit einer kurzzeitigen Urlaubsreise vergleichbar. Beim Urlaub weiß ich, ich muss bald zurück, ich bin nur für kurze Zeit hier. Dabei ist es egal, ob ich mich mit den Stadtbewohner:innen zurechtkomme. Ich bin nicht stark auf sie zugewiesen. Ich muss mich nur für eine bestimmte Zeit anpassen. Wenn ich für *immer* in einem anderen Land leben möchte, habe ich als Neuling ja keine Wahl, gibt es einige Herausforderungen zu bewältigen: meine alten Gewohnheiten aufzugeben, meine Essensgewohnheiten aufgeben, da ich nicht alle Materialien vor Ort finde.

Manchmal wollte ich lieber aufgeben und zurückreisen, aber als Kind durfte ich ja nicht mitentscheiden und konnte die zukunftsorientierten Pläne meiner Eltern nicht nachvollziehen. Ja, nicht alle Migrant:innen kommen nach Deutschland wegen eines Krieges oder wegen Verfolgung. Manche, wie meine Eltern kommen auch aus sicheren Ländern, wie Indien, weil sie in Europa eine bessere Zukunft mit wirtschaftlicher Stabilität sehen, eine moderne, entwickelte Welt sehen, wo sie glücklich mit ihrer Familie leben können. Eigentlich benötigt Deutschland solche Menschen, um zum Beispiel Fachkräftemangel zu beseitigen. *Nicht alle Migrant:innen sind Flüchtlinge!* Es gibt Migrant:innen aus verschiedenen Ländern, die aus verschiedenen Gründen ihr Land verlassen. Der Grund für einen Umzug nach Deutschland muss nicht immer Krieg oder Verfolgung sein, wie bei den europäischen Migrant:innen oder den spezifisch qualifizierten Migrant:innen, die von ihrer Firma nach Deutschland eingeladen werden. Es ist nicht richtig alle Migrant:innen in einer Schublade zu stecken. Auf meinem Weg der Integration traf ich natürlich unterschiedliche Menschen, manche lobten mich wegen den Sprachentwicklungen, andere wollten über meinen Hintergrund wissen. Nicht alle Menschen waren positiv begeistert. Manche befahlen mir sogar, dass ich in meinem Heimatland zurückkehren sollte. Dementsprechend musste ich leider in den jungen Jahren auch mit Ablehnung umgehen lernen. Das beschäftigte mich als Kind, da ich mich fragte, wo genau meine Eltern in so einem Land ein glückliches Leben sahen, dessen Bewohner:innen keine Lust auf mich haben ohne mich zu kennen. Mit der Zeit verstand ich viele Insiders. Ich unterstützte meine Eltern bei verschiedenen Aufgaben als Kind, da ich bessere Deutschkenntnisse hatte. Ich war meistens bei vielen verschiedenen Terminen als Dolmetscherin in jungen Jahren dabei. Viele Formulare musste ich ausfüllen. Die Elternabende in der Schule meiner Geschwister habe ich zum Übersetzen ebenfalls besucht. Da ich genung Herausforderungen zu bewältigen hatte, unter anderem die deutsche Sprache, habe ich die Reaktionen meines Umfeldes oft versucht zu ignorieren.

3. Die deutsche Schule

Zuerst war ich sehr positiv überrascht von den deutschen Schulen. Hier waren weniger Schüler:innen in den Klassen. Vergleichsweise waren die Aufgaben einfacher, das Wissen wurde auf einer leichteren Art und Weise vermittelt, viel weniger Wissen wurde im Vergleich zu Indien vermittelt, keine Uniform, weniger Unterricht. In Indien hatte ich schon bis zur dritten Klasse drei Sprachen schreiben und lesen gelernt und zwar Englisch, Hindi und Punjabi. Alle drei Sprachen haben unterschiedliches Alphabet. Aber first impression is not always last impression.

Erst in der sechsten Klasse erfuhr ich, dass es die mündliche Note gibt. Denn ich dachte wie in Indien, dass nur die schriftliche Leistung beurteilt wird. Eine Erklärung der Schulsystems gab es für mich nicht. Als Folge musste ich das Schulsystem mit der Zeit selbst verstehen. Auf gewissen Veranstaltungen müssen die Eltern dabei sein, wurde auch herausgefunden. Dann waren wir bei meinen Geschwistern besser über das System informiert. Denn meine Eltern hatten ebenfalls keine Erfahrungen mit dem deutschen Schulsystem. Ich war wie eine Forscherin.

Meine Eltern waren unsicher, ob ich nach der G10 in die Oberstufe soll und Abitur absolvieren soll. Nach langem Überlegen entschied ich mich dafür und wechselte auf einer Schule in Frankfurt. Es war wie eine ganz andere Welt. Denn ich war nicht mehr im Klassensystem gefangen, wo ich auf gewisse Menschen begrenzt war. Das Kurssystem war auf der Oberstufenschule. Viel vielfältiger war die Schule. Kinder aus verschiedenen Kulturen trafen sich auf der Schule und man hat sich gerne unterhalten. Ich habe mich wohl gefühlt.

Denn meine Mittelstufe war sehr weiß dominiert. Im Durchschnitt gab es sehr wenige dunkelhäutige Personen auf meiner Schule.

4. Wahlkampf mit 18

Ja, ich habe mit 18 kandidiert, obwohl ich mich nie als Klassensprecherin oder Schulsprecherin in der Schule je aufgestellt habe und somit nie Wahlkampf in der Schule betrieben habe. Warum fragt man sich? Ehrlich gesagt, Angst vor Verlust. Nicht mal Politik Unterricht mochte ich in der Schule, da es sich immer um USA, EU, Weltpolitik, Bundespolitik, usw. handelte. Es war mir alles zu weit weg, ich konnte es nicht greifen, wie eine ganz andere fremde Welt hat die Politik gewirkt. Ja, ich habe in der Schulzeit kein Interesse für die Politik gehabt. Wisst ihr wo der Fehler hier liegt? Die Entfernung. Die Schüler:innen müssen für die Klausur auswendig lernen, wer in der Bundesregierung sitzt, aber wissen meistens nicht wer vor Ort regiert. In der Schule soll mehr über die Kommunalpolitik gelehrt werden, die Politiker:innen vor Ort, dies können die Schüler:innen schneller ergreifen, vor allem wie können sich die Schüler:innen politisch engagieren (Jugendbeirat). Mit 18 als ich in der Q1 war, wurde ich gefragt, ob ich für die Ausländerbeiratswahlen im Jahr 2021 kandidieren möchte. Im März 2021 hatte ich die dritt meisten Stimmen und gewann somit die Wahl erfolgreich. Vor allem habe ich dies in mitten meines Physikunterrichts erfahren. Ich hätte gerne geschrien, mich gefreut, aber ich wollte nicht den Unterricht stören. Woher kam auf einmal das Intresse für die Politik? Die Antwort liegt in meiner Geschichte, in mein vielfältiges Engagements während der Schulzeit. Die Motivation bessere Bedingungen für die zukünftigen Generationen zu erschaffen, damit sich meine schlechte Erfahrungen nicht in deren Leben widerspiegeln. Ich will für positive Veränderungen sorgen.

Jedoch war es ein langer Kampf bis zum Wahlsieg. Schon bei meiner Vorstellung haben viele Menschen an mir wegen meines jungen Alters gezweifelt. Als ich sie angesprochen habe, mich zu wählen, habe ich einen Ratschlag bekommen. "Sei nicht traurig, wenn du verlierst. Es ist ein Teil des Lebens." Es war traurig für mich schon vor der Wahl solche Ratschläge zu hören, dass die Menschen sich nicht mal vorstellen konnten, dass eine achtzehn jährige das Potential hätte zu weiterzukommen. Es ist demütigend schon vor dem Rennen manche

KandidatInnen auszuschließen, vor allem wenn der Grund das Alter ist. Aber ich habe dies als Anreiz genommen und habe nicht an mich gezweifelt. Viele wussten nicht mal was Ausländerbeirat ist, aber ich habe jeden gerne über das Gremium informiert.

Ausländerbeirat/ Migrationsbeirat oder Kommule Ausländische Vertretung ist ein politisches Gremium. Alle Menschen mit einer nicht deutschen Staatsbürgerschaft dürfen hier wählen oder gewählt werden. Auch Menschen mit deutscher Staatsbürgerschaft und mit Migrationshintergrund dürfen kandidieren. Wir sind Vermittler. Wir können Projekte, Veranstaltungen auf die Beine stellen. Wir dürfen im Parlament mitreden sowie Anträge stellen. Mein Thema für die Wahlen war, migrantische Eltern mehr auf die Elternabende, Elterngespräche aufmerksam zu machen, sie besser über das deutsche Schulsystem zu informieren und somit ihre Kinder zu entlasten.

5. Jungendliche und Erfahrung

Ich kandidierte für unseren Kreis, um ein Teil des Jugendhilfeausschusses zu werden. Hier wählen die Ausländerbeiräte des Kreises zusammen eine Person, welche sie im Jugendhilfeausschuss repräsentiert. Denn als eine Jungendliche interessiert einem natürlich, über was in einem Ausschuss für Jugend gesprochen wird. Wie blickt die Politik auf uns? Setzt sie sich wirklich für unsere Interessen ein? Will sie uns wirklich unterstützen, vor allem wie? Ich wurde leider nicht gewählt, da ich mit 18 zu wenig Erfahrung hatte. Danach kandidierte ich im Alter von 19 Jahren für die Vorstandswahlen der agah (Arbeitsgemeinschaft der Ausländerbeiräte Hessen) Wahlen. Dies ist ein Zusammenschluss aller hessischen Ausländerbeiräten (mehr als 70). Es werden Sitzungen von der agah organisiert. Bei den einen treffen sich die Vorstizenden der Ausländerbeiräte aus Hessen, bei den anderen treffen sich die Delegierten der Ausländerbeiräte. Sie haben Wahlrecht und können den Vorstand für zwei Jahre wählen. Zudem zahlen die Ausländerbeiräte Beitrag an agah. Ich wollte mit meiner Kandidatur, die mir aufgefallenen Lücken schließen, das interne Netzwerk zwischen den Ausländerbeiräten stärken, sodass die Beiräte mehr zusammenarbeiten, mehr die offizien Sitzungen der anderen Beiräten sowie die Veranstaltungen anderer Beiräte besuchen. Ich wollte, mehr junge Menschen auffordern sich politisch zu engagieren, vor allem wenn sie eine nicht-deutsche Staatsbürgerschaft haben. Viele gehen davon aus, dass eine deutsche Staatsbürgerschaft für politische Partizipation vorausgesetzt wird. Jeder hat ds Recht gehört zu werden, dank unserer Verfassung. Deswegen gibt es die Migrationsbeiräte für Menschen ohne deutsche Staatsbürgerschaft. In der deutschen Politik höre ich immer wieder, dass sich mehr junge Menschen politisch engagieren sollten. Es sei nicht gut, dass Jugendliche politisches Desinteresse zeigen. Aber wenn wir uns engagieren, werden wir nicht zu ernst genommen. Mit dem Satz werden wir ignoriert, dass wir keine Erfahrung haben und somit eignen sich ältere Menschen besser für das Mandat. Meine Frage bei meiner Rede am Wahltag an die deligierten der Ausländerbeiräten war: Wie sollen wir uns überhaupt politisch engagieren, wenn die älteren uns keine Chance geben möchte? In welchem Alter haben wir überhaupt genug Erfahrungen gesammelt und sind reif für das Mandat? Ich scheiterte auch auf der Landesebene knapp. Ich bekam überraschend gutes Feedback sowie die meisten Stimmen aus meiner Gruppe. Ich habe nicht die wenigen Stimmen gesehen, die mir zum Gewinn gefehlt haben, sondern die vielen Stimmen, die ich trotz des Widerstands erhalten haben. Ich war stolz, dass ich in dem Alter mehr als ein Drittel der Anwesenden überzeugen konnte. Meine angemerkten Lücken, versuche ich von meiner Position aus zu schließen. Ich besuchte deren Veranstaltungen, deren Sitzungen. Letztens organisierte ich ein Landtagsbesuch und lud dabei andere Mitglieder aus verschiedenen Ausländerbeiräten ein. Beim Landtagsbesuch wurden wir als eine Sprachgruppe gesehen, da wir so vielfältig waren. Da wusste ich, es müssen mehr diverse Menschen das Parlament besuchen. Die Politik darf nicht so monoton dominiert sein. Es soll nicht als etwas besonderes gesehen werden, wenn Menschen mit Migrationshintergrund das Haus der Demokratie besuchen.

6. Diversität soll zur Normalität werden!

Diversität soll zur Normalität werden! Dies klingt erstmal für manche Menschen fremd, sie sind überfordert und denken die Welt wäre einfacher mit einer monotonen Gruppe. Aber ist die Diversität nicht von der Natur gewünscht. Im Wald leben viele verschiedene Tierarten, Menschen waren auch vor Jahrhunderten ein Teil davon. Alle haben verschiedene Eigenschaften, verschiedene Gewohnheiten, unterschiedliches Aussehen, ... Dennoch leben sie alle zusammen im Wald und das ist das System der Mutternatur. Sie sind ein Teil der Ketten, fehlt eine Tierart in der Kette, schon hat es große negative Auswirkungen auf das gesamte System. Heutzutage wird wegen des Klimawandels die Artenvielfalt besonders unterstrichen sowie ein Kampf gegen das Aussterben der Tierarten geführt. Unsere selbstgemachte, künstliche und menschliche Welt ist doch ähnlich. Wir Menschen haben sogar laut Kant die Vernunft, die uns von den Tieren abgrenzt. Wir sind alle auch verschieden mit den unterschiedlichen Gewohnheiten, Charaktereigenschaften, aber trotzdem Leben wir alle zusammen in der Gesellschaft, da wir Gemeinschaftswesen sind. Ohne das Miteinander funktioniert eine Gesellschaft nicht. Warum muss dann Diversität oder Vielfalt immer so groß geschrieben werden, gehört sie nicht zu unseren Alltag. Sollte es nicht normal sein, dass wir Menschen mit anderer Meinung zu den gewissen Themen haben?

Sollte es nicht normal sein, dass wir Menschen mit verschiedenen Haarfarben haben? Sollte es nicht normal sein, dass wir Menschen mit mit verschiedener Hautfarben haben?

Sollte es nicht normal sein, dass wir Menschen mit verschiedenen Glauben haben?

Sollte es nicht normal sein, dass wir Menschen mit verschiedenen Hintergründen sind? Das erklärt unsere Individualität.

Die Meinungsfreiheit, Religionsfreiheit, die Gleichstellung Menschen mit verschiedenen Hautfarben sind Menschenrechte.

All dies steht doch im Grundgesetz seit 74 Jahren. Dies sind Menschenrechte und gelten eigentlich universell dank der United Nations (UN). Die Menschenrechte wurden sogar von den westlichen Mächten entwickelt. Von den westlichen Philosophen wurden diese herausgearbeitet.

Bei den Gedanken geht es mir darum, dass eines Tages in Deutschland nicht auf die Diversität aufmerksam gemacht werden soll oder immer wieder betont werden soll, nicht weiße Menschen nicht zu diskriminieren, sondern als "normal" gesehen wird, dass nicht weiße Menschen ein Teil der deutschen Politik sind.

Es soll gewöhnlich für die Mehrheit der deutschen Bevölkerung sein, dass in der Bundesregierung Menschen mit Migrationshintergrund repräsentiert werden oder als Ministerpräsidenten der Bundesländer sitzen.

7. Migration - von Westen verursacht?

Sowohl das afrikanische Volk als auch das asiatische Volk hat nicht die Europäer eingeladen, um sie zu berauben, als Sklaven zu verkaufen, um ihre Regionen zu kolonialisieren, um selbst zu beherrscht zu werden usw. . Welches Land oder Königreich möchte freiwillig seine Macht abgeben? Jedoch lief die brutale Kolonialherrschaft über mehrere Jahrzehnte. Zudem werden in Europa zwei Weltkriege verursacht. Dort müssen viele nicht europäische Soldaten für ihren Kolonialherrscher kämpfen, obwohl sie nicht mal wussten, was eigentlich los war. Manche Soldaten starben für das Land im Weltkrieg, welches seine Mitbewohner als Sklaven an den USA verkaufte. Nach dem Zweiten Weltkrieg wurden viele Länder dekolonialisiert, jedoch wurden viele Schätze der Nationen von den Kolonialherrschern mitgenommen sowie Menschen als Sklaven. Die Folgen nd heute noch zu spüren, zum Beispiel stehen heute die Schätze in Museen von Großbritannien und die Bewohner:innen müssen nach Großbritannien reisen, um ihr kulturelles Erbe zu sehen. Bis heute noch wird von Kolonialismus profitiert, die Tourist:innen sollen angezogen werden. Es kann doch sich nicht jeder leisten, nach Großbritannien zu reisen. Die britische Königsfamilie besitzt viele geklaute Kronen, Diamanten der ehemaligen Kolonien und zieht damit viele Tourist:innen nach Großbritannien an. Als Tourist:innen können die Migrant:innen gerne kommen und ihr kulturelles Erbe in den britischen Museen betrachten. Aber wenn sie permanent in Großbritannien leben möchten, weil sie ein besseres Leben dort sehen, werden sie eher von der Gesellschaft abgelehnt. Sie stehlen anscheinend die Jobs der Bevölkerung. Obwohl in vielen Ländern der Europa jetzt Fachkräftemangel zu sehen ist, sind die Länder auf die Fachkräfte vom Ausland angewiesen. Dafür werden gerne von der Politik Gesetze zur Einbürgerung vereinfacht. Wenn irgendwo auf der Erde talentierte Wissenschaftler*innen entdeckt werden, geht USA gerne auf sie zu. USA verspricht ein gut bezahltes Job, ein Haus, die Mitnahme der Familiein in den USA und Einbürgerung. Dies zeigt, wirtschaftsfordernde Menschen sind sogar gewünscht, die die Nation voranbringen, hierbei ist der Migrationshintergrund egal. Das Land kommt sogar selbst auf die Talentierten zu. Wenn die westlichen Staaten von Migration profitieren, fordern sie die Migrant:innen. Sie nutzen Sie für Ihre eignen Zwecke gerne aus. Die vielen Fabriken der Textilindustrie oder weiteren Fabriken in den Entwicklungsländern haben schädliche Auswirkungen auf die Umwelt durch die gefährlichen Abgase. Das Personal ist dort billiger, geringere Steuerabgaben. Durch die Kosten Nutzen Abfrage sind Entwicklungsländern effizienter für Produktion. Dies hat schlechte Folgen auf die dortigen Bewohner:innen. Klar möchten die Menschen flüchten. Zudem wird gerne über die westlichen Länder, wie die EU, USA oder Kanada, in den Entwicklungsländern zum Beispiel durch Filme oder Songs geworben. Die Schönheiten, ein funktionierendes politisches System, die Sauberkeit, die technische Entwicklung, die freundlichen Menschen, die Natur, das gerechte System, die Chancengleichheit, vor allem die Möglichkeit für jeden reich zu werden, werden gezeigt. Selbstverständlich zieht dies viele Menschen an. Es scheint, wie ein Leben ohne Probleme. Es wirkt attraktiv und anreizend auf die Menschen in den Westen zu ziehen.

8. Die Erde ist rund!

"Jede Aktion hat eine Reaktion."

Was dachten sich die Vorfahren der westliche Welt während der Kolonialherrschaft, sie können kommen wann sie wollen und alles so stehen lassen und gehen. Sie können dort Menschen ermorden, wertvolle Schätze berauben, die Könige entmachten, es wird keine Reaktion kommen. Und sie können solang davon profitieren, wie sie wollen und zu einer der mächtigsten Wirtschaft der Welt werden. Im nach hinein wird man der Welt sagen, man habe die Kolonien entwickelt, Demokratie dort verbreitet, technische Erneuerungen in den Ländern gebracht, den Menschen Bildungsmöglichkeiten zur Verfügung gestellt. So, lautet deren Rechtfertigung für ihre menschenrechtswidrigen Taten.

Was gestern veranstaltet wurde, dessen Folgen sind in der Zukunft spürbar . Wenn es etwas Gutes war, profitierst du oder die nächsten Generationen. Wenn es etwas Schlechtes war, zahlst du oder die nächsten Generationen für deine Arbeit. Golibalisiert ist die Welt dank der Konlonialsation, der Technik.

Die Kinder der Sklaven oder Soldaten wachsen außerhalb ihrer Heimat auf, dadurch kennen sie die Kultur der Kolonialherrscher besser als die ihrer Eltern.

Bei der Frage, welche Nation sie eher als ihre Heimat bezeichnen würden, sind viele erstmals verzweifelt. Jedoch finden die meisten nach einer langen Beschäftigung mit der Frage eine Antwort, indem sie einen Kompromiss eingehen. Sie entnehmen bestimmte Aspekte aus beiden Kulturen. Sie versuchen ein Teil beider Kulturen zu sein.

Warum muss man sich überhaupt einer Nation zuordnen? Sind wir eigentlich nicht alle gleichwertig? Alle Kulturen sind doch von Menschen gemacht. In der heutigen modernen

Welt sollte doch die Demokratie die höchste Kultur sein!

Dank der Demokratie haben die eingewanderte Menschen ebenfalls das Recht zur Mitbestimmung..

Die Migrant:innen versuchen im Vergleich zum Kolonialismus auf einem legalen Weg Anerkennung zu bekommen. Sie fliehen nach Europa, um Sicherheit zu erlangen, weil sie das Asylrecht dank den westlichen Menschenrechten haben.

9. Rassismus und Deutschland

Ein sensibles Thema. Viele Menschen ignorieren Rasismus im Alltag, weil sie einfach keine Lust und Kraft haben, sich mit den Rassisten auseinderzusetzen.

Sie akzeptieren es als ihr Schicksal. Sie akzeptieren es als ein Teil Ihres Lebens. Es gehört einfach dazu. Sie akzeptieren es, jede Beleidigung anzunehmen. Sie akzeptieren es, nicht zu antworten oder die Menschen aufzuklären. Sie akzeptieren es! Mit der Zeit wird es zu einer Gewohnheit. Das ist der falsche Ansatz. Schon immer müssten die Minderheiten für ihre Rechte kämpfen, die anderen darauf aufmerksam machen. Rassismus ist menschenrechtswidrig, es ist ein Fakt.

Aber wo fängt Rassismus an? Es fängt dort schon an, wenn man eine "nicht-deutsche" Person trifft, dort die erste Frage lautet: Woher kommst du? Vor allem wann bin ich nicht-deutsch, wie wird dies beurteilt? Diese Frage lasse ich offen. Wenn ich mit meinem Wohnort antworte, ist dies ja eine Stadt in Deutschland.

Die meisten Fragenden sind enttäuscht, fragen erneut nach, woher ich wirklich komme beziehungsweise woher meine Vorfahren kommen. Während des Gesprächs ist wird es vernachlässigt, dass ich eine deutsche Staatsbürgerschaft besitze und somit das Gesetz mich zu deutsch klärt.

Hat nicht das Gesetz die höchste Priorität in einer Demokratie?

Warum muss beim ersten Kennenlernen über mein Migrationshintergrund erfahren werden?

Warum muss ich beim ersten Treffen in einer Schublade gesteckt werden?

Warum muss man über meine Vorfahren wissen?

Ich verweigere mich nicht über meine Vorfahren mitzuteilen. Ich bin stolz in der Punjabi Kultur geboren zu sein. Ich erzähle gerne über meine Religion, meine Kultur, aber es kommt doch darauf an, in welchem Kontext, an welchem Ort und mit welcher Intention, die Person fragt. Klar sollen die Bewohner:innen wissen, welche Kulturen in Deutschland leben. Um die Kulturen nachzuvollziehen, um sie nicht zu diskriminieren, um ein Zusammenleben zu ermöglichen, muss man über die Kulturen informiert sein, vor allem über die Hintergründe, warum feiern die Menschen die bestimmten Feste, was ist die Geschichte hinter die vielen erstmal fremd wirkenden Ritualen. Ich kann nur bestätigen, die Menschen informieren auch gerne über die Traditionen, denn es freut einem das Interesse zu sehen. Nur so kann für ein gelungenes Miteinander gesorgt werden.

Denn ich kann dann auch eines Tages sicher auf den deutschen Straßen meine traditionellen Kleidung tragen, mit den Menschen aus anderen Kulturen die Feste feiern, wenn sie gut darüber informiert sind. Denn dann müssen sie nicht überrascht blicken, wenn jemand nicht die typischen westlichen Kleidung auf der Straße trägt.

Denn durch Informieren kann eines Tages Diversität zur Normalität werden!

10. Wann endet die Integration?

Genauso wie die Kommunikation ist die Integration keine Einwegstraße. Integration zielt darauf, den Zusammenhalt der Menschen in einer Gesellschaft zu stärken. Zwei Nationen integrieren miteinander, weil sie aufeinander zugewiesen sind. Die EU ist eine Integrationsgruppe mit den vielen verschiedenen Vorteilen für die EU Bürger:innen.

Wenn Menschen von anderen Staaten nach Deutschland kommen, sollen sie die Sprache lernen, sich anpassen,... . Integration steht dabei im Vordergrund. Aber wann endet genau die Integration?

Ich lebe jetzt seit 11 Jahren in Deutschland,

ich ging hier auf die Schule,

ich habe hier Abitur gemacht,

ich studiere hier sogar.

Ich habe vieles über die deutsche Kultur gelernt.

Ich habe über das Christentum sowie Islam vieles gelernt,

Ich habe das deutsche Essen kochen gelernt.

Trotzdem wird Rassismus auf den deutschen Straßen erlebt. Beim ersten Treffen wird nach meiner Nationalität gefragt.

Wann endet die Integration? Wird überhaupt ein Ende vorgesehen?

Kann ich als eine dunkelhäutige Frau als eine Bürgerin des deutschen Staates von den deutschen Bewohner:innen angesehen werden, obwohl ich bereits gesetzlich deutsch bin?

Die meisten Menschen beurteilen meistens das Äußere, egal wie deutsch die Person mit ihrer Sprache oder Gewohnheiten ist.

11. Mein Projekt

"Migrantische Eltern ins deutsche Schulsystem integrieren" Der Name verrät das Ziel des Projektes.

Schule verbindet man mit: Bildung, Schüler*innen, Lehrer*innen und Erziehung. Aber auch sind Eltern hierbei eine wichtige Unterstützung. Die Zusammenarbeit zwischen den Eltern und Lehrenden ermöglicht eine erfolgreiche Erziehung. Allerdings muss das Schulsystem erst überhaupt verstanden werden, um als Unterstützender mitzuwirken. Wir vernachlässigen, dass migrantische Eltern, die nicht hier auf der Schule waren, sich nicht mit dem deutschen Schulsystem auskennen. Und genau diese Lücke möchte ich mit meinem Projekt füllen. Ich will Möglichkeiten anbieten, diese Menschen zu informieren und somit für eine gelungene Zusammenarbeit zwischen den Lehrenden, Kindern und Eltern zu sorgen. Denn so gelingt eine erfolgreiche Erziehung der Kinder. Hier sollte nicht die Sprache als Hinderniss gesehen werden, um sich vom schulischen Leben der Kinder fernzuhalten. Denn eine psychische Unterstützung der Schüler*innen ist ebenfalls wichtig. Einfach sich mit dem Kind auszutauschen, nach seinen Noten zu fragen, wie die Eltern ihn/sie unterstützen könnten, allgeimein zu wissen, wie das System überhaupt aufgebaut ist.

In manchen Ländern spielen die Eltern nicht so eine große Rolle im Schulleben der Kinder. In Deutschland wird sogar die Möglichkeit angeboten, sich im Elternbeirat zu engagieren.

Wenn die Eltern sich nicht mit dem deutschen Schulsystem auskennen, können diese im Schulleben des Kindes nicht stark mitbewirken. Sie müssen informiert werden! Es soll nicht erwartet werden, dass sie sich bereits auskennen.

Dieses Problem soll für die kommenden migrantische Kinder geändert werden. Dadurch sollen die Kinder entlastet werden, damit sie nicht viele Aufgaben der Eltern selbst übernehmen müssen oder sich nicht gut über ihr Schulleben austauschen können.

Das Besondere ist, dass bis jetzt zumindest in meiner Umgebung niemand auf die Lücke aufmerksam wurde.

Das Projekt soll die Menschen motivieren mehr im Schulalltag der Schuler*innen mitzuwirken sowie die Termine immer wahrzunehmen. Die Eltern sollen sich nicht wegen ihren Unkenntnissen zurückhalten. Sie sollen sie ermutigen, besser mitdenken Lehrenden und ihren Kindern zusammenzuarbeiten.

Wegen des Projekts lernen sich die Teilnehmende untereinander kennen. Zudem wird es mit unterschiedlichen Migrationsgruppen durchgeführt. Denn alle Migrant*innen sind keine homogene Gruppe, sie haben unterschiedliche Kulteren. Es soll auch eine Kooperationen mit den Schulen geben, somit können sich die Schulen besser mit den migrantischen Eltern vernetzen.

12. Fazit

"Never judge a book by its cover"

Aber leider machen dies viele Menschen.

Dies muss für das bessere Miteinander in einer multikulturellen Gesellschaft vermieden werden.

Rassismus muss bekämpft werden, man muss sich beschweren, man muss sich damit auseinandersetzen.

Denn mit Ignoranz ermutigt man die Rassisten.

Im Endeffekt sind wir alle Menschen mit Vernunft.

Um ein erfolgreiches Leben auf der Erde zu haben, sind wir aufeinander angewiesen.

Wir sollten uns gegenseitig respektieren, tolerieren lernen.

Bei Uneinigkeiten diskutieren und entsprechend Kompromiss eingehen, sodass beide Seite profitieren.

Wie man es in den Kapiteln bemerkt, stellen viele Phänomene eigentlich an sich einen Widerspruch da.

Das heißt, dass der Westen selbst Migration verursachte, aber sich jetzt dagegen aufstellt.

Ich hoffe, dass alles verständlich war!

Mit Absicht wurden gewisse Fragen offen gelassen.

Denn man sollte versuchen diese für sich zu beantworten.

Klar könnte man auf verschiedenen Schlussfolgerungen kommen.

Es wäre einfach ideal sich an die universellen Menschenrechte zu orientieren, so könnte man auf einer beliebigen Ecke der Welt gut mit den anderen zusammenleben.

Für bessere Vorstellung könnte man in einer utopischen Welt Eintauchen und so die idealen Regeln für das Miteinander beschließen.

HARPREET KAUR

Harpreet Kaur, 21

Loved this book?
Why not write your own at story.one?

Let's go!